Job in die Kaap

Johan Pansegrouw

Lees die helfte van hierdie boek aanlyn by Die Gratis Storie Tydskrif

https://storietydskrif.home.blog

ISBN: 9798836390877

Voorwoord
(Johannes Bartholomeus Pansegrouw senior – 7 Augustus 1929 to 18 Februarie 2022)

Johan Pansegrouw verduidelik wat gelei het tot hierdie bundel.

Vanaf 1990 tot 1998 moet ons dikwels na Kaapstad reis waar Mattie in 'n kliniek in Wynberg mediese behandeling ontvang het. Tydens ons besoeke het ek in die woonwapark in Vishoek oorgebly.

Die idee van hierdie bundel het ontstaan terwyl ek gedraf het; Simonstad toe, Kommietjie toe, Noordhoek toe of deur Muisenberg na Lakeside toe. Dit was veral deur hierdie uur of twee per dag op die pad dat ek gepoog het om 'n antwoord vir haar lyding te kry.

Iewers in my het een van die groot kontraste van ons land ook vasgesteek. Die verskil tussen Khayalitsha en Clifton of tussen Lavender Hill en Constantia en het ek begin wonder as Us vandag in die Kaap was waar sou Job se ashoop wees?

Mattie se pyn en ongerief sal vir die res van haar lewe by haar wees en ek dra hierdie gedigte aan haar op. Terselfdertyd gee ek met dank erkenning aan die O.P.U.K. en A.T.K.V. vir die poësie kursus van hul skryfskool wat ons 6 tot 8 Julie 1992 kon bywoon.

Johannes Bartholomeus Pansegrouw senior
Port Elizabeth
April 1996.

'n Woord van Anton Pan

Hierdie geestelike juweel van 'n bundel is deur my oorgetik vanaf die oorsproklike papier dokument en is geredigeer deur professor Gert van Jaarsveld vir publikasie in die gratis aanlyn pdf tydskrif, Stories, op die blog: https://storymagazine.home.blog vir die geestelike verryking van almal wat gelei word om dit te ontgin...

Hierdie juweel het vir 'n baie lang tyd weggebêre gelê vir eendag wanneer die tyd vrugbaar geword het om dit soos 'n helder geestelike lig uit te haal en die donker wêreld van goed en kwaad, geluk en lyding in te skyn, sodat dit betekenis aan ons sukkelaars kan gee. Ek het altyd gewonder hoe my vader deur die loop van ons gesin se lewensbestaan altyd selfs deur baie stormagtige tye stroomop al die vrugte van die Gees vir ons drie seuns en sy lieflike vrou so pragtig kon uitleef? Selfs toe hy haar verloor het en jare blind en alleen in die ouetehuis moes agterbly. Hierdie bundel verduidelik baie...

INHOUD

1.   Predestinasie.

Job 1:1

Deze man was oprecht, en vroom, en Godvreezende en wijkende van het kwaad.

Eons voordat Job
onder 'n ou plataan sou sit
om op te kyk na Tafelberg
het God
wat krans en kloof geskape het
vooruit bepaal dat die gees
oor die vormlose leegheid
wat in hom sou bestaan
sou sweef…
om soos met melodie en liriek
die note van sy sê en doen
in Christus
tot euritme te versoen
om'n Kirstenbosch in hom te skep
en vir hom te sê
om dit soos Adam
te bewoon en te bewerk.

2.   Deeltitel.

Job 1:7

Ongeveer op dieselfde tydstip as wat Job in Kirstenbosch gesit het, het God van sy engele na hom ontbied. Satan het ook daar opgedaag, ongenooid. God wou van hom weet waar hy vandaan kom, en Satan antwoord:

"Op die vlerke van die wind
het ek om die aarde getrek
om orals net sondes te vind.
Toe, vir my Kaapse draai
het 'n swart suid-oos
my daar afgelaai.
Ek het my strikke gestel
en my onkruid gesaai.
Ook op Duiwelspiek
maak ek my langs iemand tuis
om aan hom
die wêreld se skatte te wys.
En terwyl die begeerte
in sy oë begin brand,
was ek seker ek registreer weer
'n eerste verband.
Ek sien toe hoe gaan sy sinne op loop
toe hy sy deeltitel by my koop.
Maar hy versuim om die fyndruk te lees
en te sien sy hemel
sal in my doderyk wees!"

3.   Gifappel.

Job 1:8-9

God vra toe vir Satan of hy miskien vir Job raakgesien het en hy
antwoord:

"Ja! Toegereig met U garing
in 'n sirkel van U bewaring!
En het ek my
aan sy weelde verstom!
Kan U dan nie sien nie
dis nie sonder rede dat hy U dien nie,
want van sy plase in Drakenstein
tot in sy fabrieke in Epping
word hy getroetel en gepaai
gepamperlang om elke draai.
Maar verguis hom onder U hiel
soos vir Jan en Allerman
in Langa en Lavender Hill!
Gaan wandel daarna in sy tuin,
soek dan na U vroeë vy
en kyk of U nie die vrug
van die gifappel sal kry."

4.   Wandelpad.

Job 1:21

God het Satan die mag gegee om Job te ruineer, uit Clifton te verjaag en in 'n plakkerskamp op die Kaapse vlakte te laat beland. Job het voor die deur van sy krot gesit en peins:

Sonder klere of kos
rugsak, slaapsak of skoen
het ek blootvoet
my eerste sku tree
op my wandelpad gegee.
Toe was ek bloot kaal
nou is my klere aan vodde
en is my hart ook naak.
Prys die naam van die Here
wat oor my voetpad waak!

5.	Trapsuutjies.

Job 2:4-5

Nadat God klaar gepraat het antwoord Satan:

"Ja maar…
Hy is tog seker nie so dom
om nie te weet
van Wie sy brood en botter kom.
Miskien is dit ook 'n bewys
hy voel vere
vir kind, vir kos, vir klere.
Maar kom ek doop sy vel
in eliksers uit die hel;
verdraai sy spiere
totdat sy senings snaarstyf span!
Miskien wys die trapsuutjies
se ware kleure dan."

6.   Narkose.

Job 2:8

Satan het na die plakkersdorp vertrek Job aangeraak en hom siek laat word:

En weg van die tevrede kurwe
van die kus
wat aan die voete
van die Apostels rus,
word Job nou in sy krot
deur gomblik snuiwer
en bloutrein ryer
gehiert en gejy…
Probeer hy lekker jeuk
en etterroof
met die flou narkose
van 'n potskerf doof.

7.   Waarom.

Job 3:20

Job was skielik een met die rampsaligheil rondom hom. Hy het na die antwoord begin soek. "God," het hy gesê:

"Die sonskyn van die hemele
behoort die lewenslug te vul;
die siel te laat gloei
met die soetheid van bestaan!
Waarom word die vrug van lewe
besmet met die bitsigheid van smart?
Waarom pluk U die mens
uit die knusheid van U warmte,
ketting U hom weg van U hart?
Waarom ruil u soetheid vir bitter,
verlaag U menswaardigheid
tot vullis se vlak?"

8.   Ontwortel.

Job 3:23

Job het ontworteld gevoel, alleen sonder kind of kraai. Met oë gesluit het
hy sy hande na bo gerig. Gekla:

"U het my vallei geneem
waar ek kon opkyk na die berge.
U het my verdryf uit my tuiste
waar ek u voetstap op die see kon hoor.
U het my kinders afgekap
my vrugteboord waar ek kon wandel.
U het my ontvreem van my vrou
my verwyder van die matrys van my heil.
En daardie gepende afgrond, God vul U met…hierdie!"

9.   Geknip.

Job 3:23

"Ek is 'n man vir wie God van alles afgesny het." kla Job:

"In Clifton was hulle laas by my
en wie sou raai
dat julle my
deur God geknip
hier sou kry.
Julle ken my land
van rand en sent
maar die pyne
in hart en sening
het my afgetakel
tot voel en vrees…
Tot hierdie debakel
met sy klein somber leegtes
wat my soms laat dink
my geboortedag stink."

Vier van die plakkers wat voorheen vir hom gewerk het, het van sy teespoed verneem. Hulle het dit met mekaar bespreek en besluit dat dit net sonde kan wees wat so 'n straf oor hom gebring het. Hulle het besluit om daaroor met hom te gaan praat en hom te bemoedig.

Die vier; Sauls, Msisi, Hendriks en Koester het toe vroeg een oggend na hom toe gestap. Voor sy krot het hulle op verfblikke om hom gaan sit.

Die vyf mense het mekaar sku gegroet. 'n Ongemaklike stilte het homself by hulle kom tuis maak. Daar was so baie klofies tussen hulle, afgronde en strome wat hulle moes oorsteek om by mekaar te kon uitkom. Persoonlikhede en stande wat toenadering gekets het, maar behoeftes wat nie kleur of stand erken nie, het uiteindelik vir hul bruggies na mekaar gebou...

11.   Koerante teen die heining.

Job 4:7-8

Eindelik begin Sauls praat:

"Lanie," sê hy,
"As die moeë son se kop begin knik
as die nuwe maan
onsigbaar in die hemel gryns
en die gitswart drif
wat oor jou woonbuurt sif
jou verset laat swig
jy gretig begin gryp
wanneer jou weerstand krummel
en jy saam met korrels
koersloos tot in riole rol.

"As die satan suidwes
jou slop ontdek
daardeur begin slinger
deksels van vullisblikke pluk
en gemorskos met rojale vinger
in jou keelgat begin druk
totdat die gif
jou onreg laat besing
en net wrok
vir jou kon vrede bring
totdat die woltand begin wag
dat die son moet kom.

"Wanneer die laagwater dagbreek
dan jou gewete wek,
'n heining voor jou geheue kom span
waaraan die nag se sondes
soos ou koerante klou
lees jy van die gesigte

die kuiltjie in jou wang;
proe jy op die lagie plaak
hoe vrot jou sonde smaak.”

12. Bok-bok.

Job 4:17

Sauls bly 'n rukkie stil, vir hom is daar net een verklaring van Job se toestand, hy is skuldig aan 'n sonde. Hy sê:

"Na al die bietjies gluur
na al die bietjies gluip
na al die ou katjies
in die donker knyp
staan die bok
nou eintlik styf
met God se vingers op sy lyf."

13. Boogskutter.

Job 6:4

Job voel hy word met pyle getref en Sauls se woorde is troosteloos en
sonder antwoorde vir sy probleem. Hy antwoord:

"Hierdie is nie 'n straf nie!
Dis 'n vreemde boogskutter
wat vreemde pyle
uit sy koker trek
en elke pyl tref elke keer
die teerste plek.
"En jy?
daar's woestynwinde in jou stem
wat kling en klang
soos 'n windpomp in die Namib
wat net stof
uit sy boorgat spuug
om my droë tong te laaf
en ek kan nie begryp
waarom die Vreemde Skut
nie die doodpyl
in Sy boog wil sit?"

14. Stormkaap.

Job 8:2

Die tweede plakker, Msisi, kon nie verstaan waarom Job nie sy skuld
teenoor God wil bely nie. Hy sê:

"Umlungu, die wind van jou woorde
klits die branders bol
totdat hul sekelstert
oor rots en breekwal hol
totdat elke loot en twyg
in eerbied voor sy hoogheid buig.
Ja, jy raai reg, ou tjom
ons weet presies van waar jy kom!
Aag, sak tog Sarel, kalmeer tog ou
ons sal meer van mooiweer hou."

15.   'n Regbank.

Job 9:20

Job bly getrou aan God maar pyn en ongeduld laat hom dinge sê
waaroor hy later spyt sal wees. Hy sê:

"Snags snuffel ek tussen die sterre
bedags soek ek op die berge
soek die regbank aan U voete.
Iewers in die melkweg
waar U 'n newelvlek verken?
Waarom het U verdwyn?
U is tog die Skepper
van die oor
maar ek word gevonnis
sonder 'n verhoor."

16. Ombudsman.

Job 9:34

Job het 'n brandende behoefte vir Iemand om vir hom 'n regverdige
oplossing met God te beding.

"Mams het my vertel van 'n Vader
'n teer Vader
my sagte kinderdag Vader
my sagte, sagte kinderdag Vader.
Waar is U?
Waarheen is U?
Het U, U oor gesluit
U rug op my gedraai?
God.
Eenkant God.
Harde wreker God.
U, buite bereik op U berg
oorkant die verlate vlakte.
Sal hierdie verlatenheid
tussen my en U berg
my eindbestemming wees,
want in hierdie plek
het U my kom inperk
'n ring om my kom trek
en teruggegaan na U berg.
O, vir 'n Ombudsman
'n teerhartige Ombudsman
'n teer, sagte Ombudsman
om U hart te vermurwe
en 'n pad te baan
vir U en vir my
deur die droefheid
van hierdie doolhof
weg van U hardheid

en terug na 'n Vader
die teer, sagte Vader
van wie mams my vertel het."

17.   Appèl.

Job 10:18

Job het begin dink dat God hom wil straf en dit was teenstrydig met die
God wat hy geken het:

"Ek wil appèleer
teen U vreemdheid, Heer.
Ek wil vir die God
wat ek geken het sê;
'Ek wil by U
teen U hulp kom soek.
Wat het U beplan
toe U my gevorm het?
Het U vir klopgeeste
'n koggelding bedoel
met wie hulle hier
kan toktokkie speel?'"

18.   Sjebeentaal.

Job 11:3

Hendriks, die derde plakker is kwaad Job behoort vir sy sonde aangespreek te word!

"My Bra, luister na jou!
Wat wil jou tong verkoop,
Het jy miskien 'n draai
by 'n sjebeen geloop?
Want kyk hoe spat die druiwesop
as jy jou hak
teen die prikkel skop.
En is dit 'n stukkie daggakoek
wat jou vir God laat laster!
Nee, God het jou nie hier
in 'n blik kom druk!
Jy is hier sodat Hy
jou reg kan ruk!"

19.   Filosowe.

Job 12:2

Job antwoord spottend:

"Hoe goed ken julle die stad se golf
of die krag van die lewe se brander?
Ek is deur hulle hier uitgespoel!
Maar julle is Plakkerfilosowe
wat julle kennis wil put
deur langs 'n rolstoel te sit.
Deur in die stil water te tuur
verklaar julle die vrye natuur.
Wil julle die Brander bind
deur wette wat julle
in 'n weerkaatsing vind?
Regtig ek het 'n probleem
oor wat julle sê
maar ek sal graag
'n antwoord van God wil hê!"

20. Verstoteling.

Job 13:24

Job het 'n innige, warm verhouding met God gehad en God se stilte was erger as die liggamlike pyn wat hy moes verduur. Hy het gekyk na 'n streepmuis wat kos na sy nes toe dra en hy het met God gepraat:

"'n Verstoteling is ek nou
want destyds toe U vir my gesorg het
het die klopse gereeld vir my getroep.
Nou is vir my net een ritme oor,
dis die treurmars-pas wat ek markeer.
Waarom kyk U verby my
by wie gaan ek antwoorde kry?
Moet ek hier na een soek?
Daagliks stort vuiliswaens
vragte oplossings op die hoop,
moet ek 'n streepmuis vra
om antiparawe vir my aan te dra?
U weet as ek hulle lees sal ek sien
waarom hulle vir niemand 'n doel kan dien.
En U wat alles weet
U is skielik stil
so asof U nie meer lig
op my pad wil laat skyn."

21. Smoesies.

Job 15:5

Sauls het sy kop heftig geskud. Ongeduldig slaan hy met sy vuis op sy been. Is job dan te eiewys om sy sonde in te sien?

"Foeitog, Lanie, siestog!
Luister, Lanie, hoor tog!
Kyk tog, Lanie, voel tog
hoedat jy doekkies draai
as jy smoesies vir die waarheid
voor ons neuse sit en swaai."

22.   Job se "troosters".

Job 16:2

Job was nie meer seker of die viertal hom wil troos of veroordeel nie. Hy
grinnik effe:

"Sieketroosters," sê hy,
"uit die pypkan van die kennis
hang julle 'n solasie om my nek
en ek lees op hom:
'Dit is wat van die sonde kom.'
Steek julle miskien die draak
of gaan julle pêlle
uit julle sieklike troos
'n spreekwoord laat ontwaak."

23. 'n Straf?.

Job 18: 2-3

Msisi kan Job nie verstaan nie. Hoe kan die omstandighede waarin hy nou leef vir Job so erg wees. As dit regtig traumaties is moet dit 'n straf wees vir sy sonde.

"Unlungu," sê hy.
"Hierdie mag vir jou
soos 'n straf wees.
maar vir ons
dis tog maar ons lewe die
met net soms
so 'n tikkie geluk
met 'n viskop of twee
en 'n Tassie om te sluk.
Daarom slaan hierdie mense
hul hande in verbasing saam
want jou gekerm skouer deure oop;
jy wat kruier korrek
jou balletjies mis
tree vir tree en doelgerig
na jou nes van vindikasie rol."

24. Jabbok.

Job 19:2-7

Job voel dat hy deur God verontreg en deur die plakkers om hom veroordeel word vir dinge wat hy nie gedoen het nie. Byna wanhopig roep hy uit:

"Ja! Ek sien hoedat oë uit stegies
krities na my loer
ek hoor hoedat lippe lispel
soos koorswinde wat blare roer,
dit word woordbreuke
en my Jabbok kom in vloed.
My problem is met die storm
en ek het 'n kwessie met die oë;
julle sien 'n reënboog oor die stad
vir my is dit 'n beuelsaag se boeg
met sy tande in my lyf.
Ek kan 'n plan maak met die oë
maar wanneer breek my dag
en wanneer kom die Stoeier
wat vir my gaan vrede bring?"

25.   Potjiekosresep.

Job 21:22

Job kyk na 'n krot langs syne hoedat 'n maaltyd in 'n verfblik prut. Hy sê:

""n knippie perper vir die sonde
growwe sout vir die wonde
netels uit die vae vuur
alles saam in hierdie kuur
en dit sommer so onder ons
in 'n potjie ingedons.
Waar het jul die resep gekry
wat vir julle sê
hoe God sy boetepil berei?"

26.   Huisbesoek.

Job 24:1

Byna wanhopig verlang Job daarna om sy saak uitgemaak te kry want hy
was van meer as net sy familie geskei.

Tuis was my predikant
en my ouderling
gereeld by my
ook die diaken
het nooit weggebly
maar hier…
weg van kerk en kraal
kan ek maar net vra;
God, hoe ver is die oordeelsdag
hoeveel seisoene
tot die hoeveelste mag
hoeveel ringe nog
vir die sonde se stam?
Onkruid vergaan nie
maar vuilgoed vrek!
In die lente en die somer
in die winter en die herfs.
Wanneer kom die vyfde seisoen
waarin U huisbesoek kom doen?

27.   Hottentotsgod.

Job 25:6

Msisi se voet versteur 'n klip. Hy tel 'n geelbruin papie op. Hou dit versigtig terwyl die spits puntjie in die rondte draai en uiteindelik in Job se rigting wys. "Umlungu," sê hy:

"Onthou jy ekhet vir jou gewerk
en jy het my laat loop?
Onthou jy ek het daarna
biltong op Nuweland verkoop?
Elke een van die krieketaande
het jy in die ligkol
van Nuweland gesit.
Altyd op dieslefde plek
weggevoer deur die grenshou
of die been voor paaltjie.
Altyd binne die kring
en propvol skree.
Hottentotsgod was jy,
heilig op jou
stukkie kweek
met 'n ruspe in jou pote."

28. Winterrëen.

Job 27:20

Daar was 'n yslike kloof tussen Job se ou rus en huidige vrees. Hy kon nie aanvaar dit dit sy skuld is nie. Daarom sê hy:

"Maar dit was somer, Msisi
warm aande vol stemme
golf op golf op golf
het hul om die veld gerol.
Maar hier is dit winter
is dit nou
is dit vandag
en vannag bly ek wakker
vannag kom die winterreën
hoor ek die voetvasl van sy druppels
hoor ek hoe maak hul my twyfel bymekaar
hoor ek hoe soek hul elke weglam fobie
hoor ek hoe jaag hul die trop nader
hoor ek hul asems hier om my krot
hoor ek elke angsie 'n gaathie kry
voel ek hoe hul daardeur drup
drup tot in my hart
drup todat ek
in 'n koue poel van vrees
sit en beef."

29.   Die Wysheid.

Job 28:20

Job het gesug. As hy maar die insig of wysheid kon besit… "manne, " sê
hy eindelik:

"God het met die ritme van Sy wysheid
die aarde gedig
en met juigende jambes
ons gees gekwatryn.
En ons, korreltjie aarde
en asempies gees
kan net in God se gedig
en God se kwatryn
'n stoffie wysheid
en 'n wasempie insig verkry.
Maar ek!
En hier!
En nou!
My verse se voete
kry skimmel
en dit laat elke kwatryn
êrens in 'n muisgat verdwyn."

30. Ywol

Job 30:1 en 15

Job kon dit nie aanvaar dat die mense wat van hom afhanklik was vir 'n
bestaan hom nou minag nie, dat hy nie die krag het wat hy gehad het nie;
daarom roep hy uit:

"Die tou wat U gehou het
het U êrens gelos
en die stof
waaruit U my gemaak het
word moeg vir my riel
met my kreupelvoet siel;
begin aan ywol dink
oorweeg dit om te dros
in te haak by die warrelwind
vir 'n laaste kotteljons
deur die Rooi Krantz-bos
om met die laaste lied
tot rus te kom
stadig af te sak tot op die grond
om weer aarde te kan word
en glans te wees vir die blare
of nectar vir die bye."

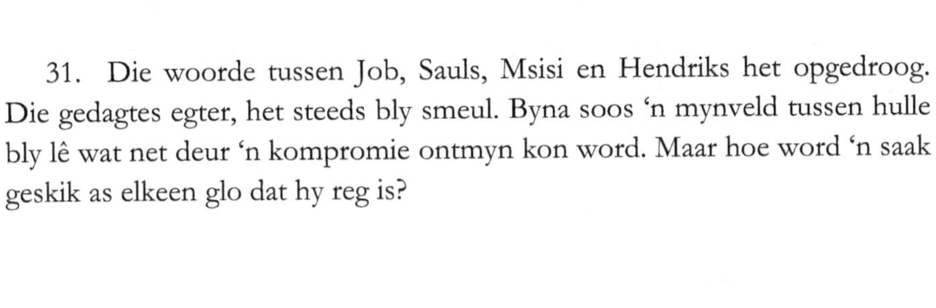

31. Die woorde tussen Job, Sauls, Msisi en Hendriks het opgedroog. Die gedagtes egter, het steeds bly smeul. Byna soos 'n mynveld tussen hulle bly lê wat net deur 'n kompromie ontmyn kon word. Maar hoe word 'n saak geskik as elkeen glo dat hy reg is?

32.   Vrot vruggies.

Job 33:9 en 13

Koester, die vierde plakker het nou begin praat. Job het dalk reg dat hy
nie in die verlede gesondig het nie, maar vandag het hy deur sy woorde
gesondig. Daarom sê hy:

"Oompie! Oompie! Oompie!
die sonde val nooit ver van die boompie,
miskien was jou oes gister nie vrot nie
maar vandag is daar suugvlieg en muggies
in baie van die oompie se vruggies
vandag sien ek hoe los die appel die loot
en val dit in die oompie se skoot
besmet met die larwe van sy loning."

33. Crêpe

Job 34:17

Koester kan nie verstaan waarom God in Job se oë skuldig is nie. Hy sê:

"Oompie, dink aan jou vrou se hangkas,
was al die materiale glad?
Nee! Tussen goedbeplande tabberds
met elke ding op sy rak
was daar 'n kreupelrige crêpe
vir haar hart weer ook plek.
Waarom wil jy God se bruidskat
met jou eie smaak vervang
en wil jy Sy beplande kreukels
met jou eie yster stryk?
Laat Hom liewer self die voutjies
uit jou stukkie lanfer haal."

34. Nokturne

Job 35:10

Job skep vir Koester die indruk dat God afsydig teenoor hom is maar dit
is nie waar nie, selfs nie in die donkerste nag nie. Hy sê:

"Oompie jy kry nie meer
die kloutjie van jou woordjie
by jou melodie se oortjie.
Maar in God se harmonie
klink 'n moppie se hallelujah
wat hand aan hand
met penniefluit en ghomma
in 'n kooksel van
woorde en wysies
deur gangetjies na jou toe luier
om rustig by jou te kuier
totdat jou liggaam en jou gees
vannag weer een in 'n duo kan wees."

35.   Verborge Insig

Job 36:10

Vir Koester is die antwoord vir Job se probleem net by God te kry indien Job God met 'n berouvolle hart nader. Hy gaan verder:

"Oompie,
insig vir die geklop
van die swart perd se galop
wat deur die holheid
van jou ingewande kla
en vir die jeuk op jou vel
waar die stert van die Draak
aan jou liggaam raak
is by God verborge.
Jou sorge sal net by Hom
en in bekering
tot ruste kan kom."

36.   Die Bergwind.

Job 37:21 en 22

Dit was vir Koester asof God se vingers in die soel bergbries kon voel wat aan sy wange raak. Hy sê:

"Oompie,
Ek het 'n trompet om te blaas
luister na sy basuin
want soos Adam in sy tuin
begin ek God se voetval
agter die Tygerberg hoor.
Luister, Oompie!
voel, Oompie!
Dis nie 'n swart suid-oos
dis nie 'n satan suid-wes
dis 'n goudglans uit die noorde
dis die Bergwind wat kom."

37.   Aanklag.

Job 39:35

God het ook vir Job aangespreek:

"Job, Ek bepaal
die doel van bek en nael.
Ek het die wet geskryf
wat selle laat groei
tot bos en vlei
tot vis en dier
tot voël en slang.
Die impuls geskep
vir prikkel en drang;
en Ek hoor jou sê

38.   Stom.

Job 39:38

Job het verslae geprewel:

"Ek is woordloos ek is stom
ek is onkundig ek is dom
ek val op my knieë neer
ek wil U eer, die Alwyse Heer."

39 Sat ge-eet

In sy huis, wat aan die voete van die Apostels rus, kyk Job na die skynsel van die aandson op die wolke en die see. Hy vra die verpleegsuster om sy kamervenster wyd oop te maak, want hy wil vir oulaas die voetstappe van sy Redder op die branders hoor naderkom.

Terwyl sy sy familie gaan roep begin hy rustig afskeid neem aan die stoflike, dink hy:

Die Witperd van ou Solly
wat skop as hy nie hollie
en die liefde se rare roerings
aan my ou hart se geskrifte voerings
keer nou stadig tot stof.
Die watertand dinees
met Laatoes en Pinotage
is nou 'n mirage;
oorskiet semels in die sif
sonder die kruie en die kanneel
wat so met my sinne kon speel.
Vader ook U weet
ek is sat ge-eet
want my lewensdis
smaak na slap tjips en vis
wat ek in kardoesies
in elke keffie kan koop.
Ek kon my soms so ooreet
aan vunsige sondes
maar in hierdie oorgeblewe stondes
soek ek na 'n ander dieet;
verlang ek na die ewige spys
van die boom in U Paradys.

40. Die einde.

Job 42:17

En Job stierf, oud en der dagen sat.

OOR DIE SKRYWER

Johannes Bartholomeus Pansegrouw is gebore 7 Augustus 1929 op Trompsburg in die Vrystaat waar hy op hulle familieplaas Groenvlakte grootgeword het. Hy is vernoem na stamvader Johan Bartholomäus Pansegrauw gebore in 1749 in Grätz, Thuringen Duitsland. Weens die droogte en depressie moes sy vader noodgedwonge Groenvlakte verkoop en hulle verhuis na Elsburg in 1938. Pannie het op die Spoorweg begin werk en saam met Mattie 'n gesin begin op Elsburg. Hulle het met hul twee seuns Johan en Dirk wat op Germiston gebore is, gedurende 1960 na Oos-Londen verhuis waar Anton gebore is. Vandaar het hulle in 1970 na Port Elizabeth verhuis waar hulle steeds woon.

Pannie en Mattie het aan skrywerskursusse en kompetisies deelgeneem en mekaar aangespoor om gereeld te publiseer. Elke keer wanneer die tydskrif waarin Pannie gepubliseer het, doodgeloop het, het hy by 'n volgende begin. Pannie het kortverhale en 'n vervolgverhaal, Bismark, gepubliseer in die Jongspan. Daarna het hy 'n Sorsie-reeks in die Spoorwegtydskrif gepubliseer en daarna het hy gereeld kortverhale in Die Brandwag gepubliseer. Hy het verskeie skrywersname gebruik waarvan die vernaamste sy spoorwegbynaam Pannie was.

Pannie het baie gedigte en rympies voltooi wat nooit ingestuur is nie. Die kosbaarste hiervan is 'n Job-bundel wat hy gedeeltelik in Engels vertaal het. Dit het hy geskryf gedurende die donker tye wanneer Mattie moeilike operasies moes trotseer in die Kaap en hy alleen daar moes aanbly. Daar het hy baie inspirasie gevind wanneer hy gedraf en gepeins het tussen die berge, die oseane en die hospitaal.